Ravensburger Hobbybücher

Jutta Lammèr **Geschenke mit Herz**

50 Modellvorschläge zum Nacharbeiten

Otto Maier Verlag Ravensburg

CIP-Kurztitelaufnahme der Deutschen Bibliothek

Lammèr, Jutta:
Geschenke mit Herz: 50 Modellvorschläge zum Nacharbeiten / Jutta Lammèr. [Zeichn.: Ariane Heyduck]. — Ravensburg: Maier, 1979.
   (Ravensburger Hobbybücher)
   ISBN 3-473-45582-2

Alle in diesem Buch veröffentlichten Modelle sind Arbeiten der Verfasserin. Die gewerbliche Nutzung ist nur mit ausdrücklicher Genehmigung des Verlages nach Rücksprache mit der Verfasserin gestattet.

© 1979 by Otto Maier Verlag
Ravensburg
Alle Rechte vorbehalten
Fotos: Lammèr Produktion Hamburg
Zeichnungen: Ariane Heyduck
Printed in Germany

83 82 81 80 79   5 4 3 2 1

ISBN 3-473-45582-2

Inhaltsverzeichnis

3	Die Herzform
3	Entwickeln einer Herzform
4	Herzcollage
7	Herzige Kissen
8	Herz im Stielstich
10	T-Shirts mit Herz
14	Herz in Harz
15	Topflappen
17	Album mit Scherenschnitt
18	Untersetzer aus Walzenperlen
20	Häkelherzen am laufenden Band
22	Herz-Schachtel mit Schwänen
23	Perlenherzen für den Hals
26	Herzen zum Anbeißen
27	Pfefferkuchenherz
28	Ein Herz für die Brotzeit
30	Gegossene Herz-Kerzen
31	Lätzchen fürs Kind
32	Bäumchen mit Herzen und Kerzen
34	Handarbeitskörbchen aus Flechtrohr
36	Gardine in Filethäkelei
38	Fenster-Rosette
39	Bonbon auf Karton
40	Zuckerstreuer und Platzdecke
42	Sonnenhut und Tasche
44	Batiktuch mit Namen
44	Viele kleine Herz-Ideen
46	Mit Herz verpackt
46	Holz-Puzzle

Die Herzform

Man findet sie, als Herz-Auge dargestellt, bereits in der Bilderschrift des Altertums, die Ägypter stellten das Herz als Gefäß dar, und in späteren Jahrhunderten galt das von Menschen nachgebildete Herz als Symbol der Liebe und Zuneigung. Stellvertretend für die Seele drückte es Herzensfreude, Herzenswünsche, Herzenskummer oder auch Herzenssehnsüchte aus. Im Laufe der Zeit hat sich die Herzform mehr und mehr zu einem eigenständigen Schmuckornament entwickelt, das es in unzähligen Variationen und bis zur Unkenntlichkeit des eigentlichen Motivs stilisierten Darstellungen gibt. Herzen als Sitzkissen, Herzen als Nadelkissen, gebackene Herzen zum Aufessen, Herzen als Dosen, Schachteln, Körbchen — sie alle haben mit den dem menschlichen Herzen zugeschriebenen Belangen nichts zu tun. Sie sind beliebt wegen ihrer gefälligen Form. Daß sie trotz allem zusätzlich hier und dort liebenswerte und liebevolle Botschaften übermitteln, ist nicht unbeabsichtigt.

Entwickeln einer Herzform

Für alle, die keine Herzformen aus freier Hand zeichnen oder schneiden können, hier eine Möglichkeit, mit Hilfe von Lineal und Zirkel eine Herzform aus zwei gleich großen Quadraten zu entwickeln. Die Zeichnungen rechts zeigen den Vorgang: Quadrat Nr. 1 wird auf die Spitze gestellt. Aus Quadrat Nr. 2 entsteht ein Kreis, aus dem Kreis werden zwei Halbkreise, die seitlich an das Quadrat Nr. 1 angesetzt werden.

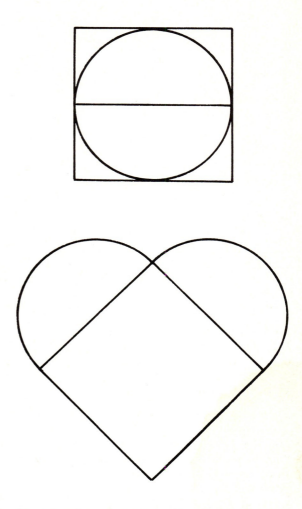

So wird aus zwei gleich großen Quadraten eine Herzform entwickelt

Auf Seite 6 ist noch eine Auswahl weiterer Herzformen in verschiedenen Größen zum Abpausen oder Nachzeichnen. Nicht alle sind in diesem Buch als fertige Modelle vertreten. Sie sind vielmehr zur beliebigen Verwendung gedacht, sei es nun zum Malen, zum Sticken, zum Applizieren, als Schablonen oder Schnittmuster.

Will man eine Herzform vergrößern, überzieht man die Vorlage mit einem Raster aus 5 mm großen Karos, zeichnet dann auf neutralem Papier 10-mm (oder größere) -Karos und überträgt die durch jedes kleine Feld laufenden Linien auf die entsprechenden größeren Felder.

Herzcollage

Ein hübsches Geschenk für Verliebte — vielleicht zum Valentinstag am 14. Februar — ist eine Collage aus Glanzbildchen, einem Kuchendeckchen und rotem Seidenband. Sie entsteht wie folgt:
Anstelle des Glases, das man aus einem Bilderrahmen herausnimmt, schneidet man aus Sperrholz oder kräftigem Plakatkarton eine Platte in passender Größe zu und streicht sie in der gewünschten Farbe — hier Dunkelgrün — an. Der von Vögeln und Blüten sowie einer kleinen Papierborte umrahmte Sinnspruch wird mit der Hand geschrieben. Man kann ihn einem Gedicht- oder Liederbuch entnehmen oder selbst verfassen. Ein Kuchendeckchen in Herzform, das den Blickpunkt bildet, ist in Papierhandlungen oder in Warenhäusern billig zu haben. Man altert es künstlich, indem man mit dem heißen Bügeleisen darüberfährt, so daß es stellenweise etwas ansengt. Die ausgestanzte Kante kann man zusätzlich mit goldener Bastelfarbe verzieren. Um den Rand der Collage wird eine Papierborte geklebt, die man ebenfalls fertig kaufen oder selbst zuschneiden kann. Man ordnet alle für die Collage vorgesehenen Teile lose auf der Platte an und verschiebt alles so lange, bis die Komposition stimmt. Mit Papierkleber wird alles befestigt. Zum Schluß bringt man die Schleife an und setzt das Bild in den Rahmen. Anstelle der Glanzbilder kann man auch gepreßte Blumen und Gräser, Blätter und Ähren verwenden. Wenn man auf die Schleife verzichtet, könnte man das Bild verglasen. Es wäre so vor Staub geschützt, aber nicht mehr so greifbar nahe, was den eigentlichen Reiz dieser Arbeit ausmacht.

Geklebtes Bild aus Kuchendeckchen, Papierborte, Glanzbildern und Seidenband — ein originelles Geschenk für Romantiker

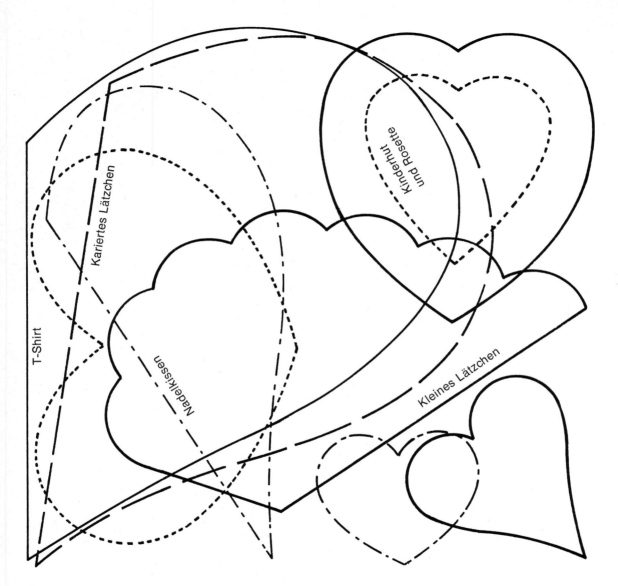

Herzige Kissen

Ganz leicht sind Kissen in Herzform zu nähen. Für das kleine Nadelkissen, dessen Schnittmuster auf dem Motivplan Seite 6 zu finden ist, braucht man zwei 15 x 15 cm große Stücke Baumwollstoff, 90 cm Baumwollspitze in passender Farbe (eventuell selbst einfärben), Nähgarn, und Vogelsand zum Füllen.
Man schneidet nach einem Papierschnittmuster zwei gleiche Stoffteile zu, wobei man 1 cm rundherum für die Naht zugibt. Die Baumwollspitze wird mit einem Heftfaden so dicht eingekraust, daß sie genau um das Herz paßt. Man steckt sie zunächst mit Nadeln fest, wie es die Zeichnung rechts zeigt. Dann heftet man das zweite Stoffstück darauf und zieht die Stecknadeln heraus. Beide Stoffteile müssen mit den rechten Seiten innen gegeneinander liegen. Anschließend wird der Stoff nicht zu knappkantig mit dichten (!) Maschinenstichen bis auf eine kleine Stelle zum Wenden der Arbeit zusammengesetzt. Nach dem Wenden streicht man den Stoff mit dem Daumennagel an der Nahtkante flach und zieht die Spitze bzw. den Volant zurecht, dessen Anfang und Ende man an der Herzspitze mit der Hand zusammennäht. Nachdem man das Nadelkissen mit Vogelsand gefüllt hat, wird die offengelassene Nahtstelle mit so dichten Handstichen zugenäht, daß der Sand nicht herausrinnen kann.

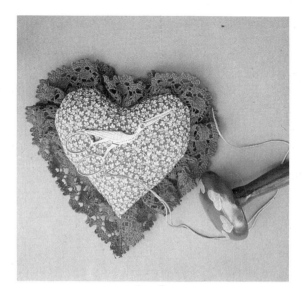

Die mit einem Heftfaden eingekrauste Spitze bzw. der Volant wird, an der Spitze beginnend, so um die Kante herum festgesteckt, daß die Spitzen- oder Volantbreite nach innen zeigt

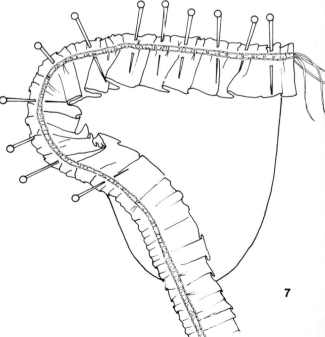

Die Zierkissen werden im Prinzip genauso genäht. Bei dem kleineren roten Kissen, das mit Diolenwatte gefüllt ist, wurde die Kante mit einem Volant versehen, der aus einem 6 cm breiten gesäumten Stoffstreifen besteht. Dieser Volant wird beim Nähen gleich mitgefaßt, wie beim Nadelkissen näher beschrieben. Maße des fertigen Kissens: 36 cm an der breitesten Stelle, 27 cm Höhe von der Spitze bis zur Mitte zwischen den Bögen. Länge des Volants: 2,25 m. Füllung: 100 Gramm.

Das Kissen aus rosa-weißem Karostoff ist recht kostspielig, wenn man es wie hier mit fertig gekraustem Volant vom Meter besetzt. Aber es ist auch ein besonders attraktives Geschenk. Der Volant aus weißer Stickereispitze wird in drei Reihen, außen beginnend, in gleichen Abständen auf die Kissenoberseite gesteppt, bevor dann der aus zwei gleichen Teilen bestehende Bezug (rechts auf rechts, Volants innen liegend) zusammengesteppt und durch eine offengelassene Nahtstelle gewendet wird. Nach dem gleichen Schnitt kann man ein Inlett nähen, das man mit Halbdaunen füllt. Maße des fertigen Kissens: 55 cm breit, 40 cm hoch (Spitze bis Mitte zwischen den Bögen). Länge der drei Volants: 1,50 m, 1,35 m und 1,20 m.

Seite 9:
Zwei herzige Kissen: einmal mit aufgesteppter Stickereispitze, einmal mit zwischengefaßtem Volant

Das kleine Herzmotiv ist mit Stielstichen schnell gestickt. In die Mitte kann man einen Buchstaben oder ein Monogramm setzen

Herz im Stielstich

Taschen, Passen, Kragen an Kleidungsstücken, Schals, Kopftücher, Sets, Servietten, Kissen, Beutel, Futterale — das alles und noch mehr wird individuell und unverwechselbar durch ein aufgesticktes Herzmotiv, in dessen Mitte man die Anfangsbuchstaben eines Namens setzen kann. Das Motiv in Originalgröße wird entweder mit Schneiderkopierpapier übertragen oder mit Bleistift direkt auf den Stoff gezeichnet. Bei dünnen Stoffen, z. B. Batist, kann man die Vorlage unter den Stoff halten und die Linien auf dem Stoff nachziehen.

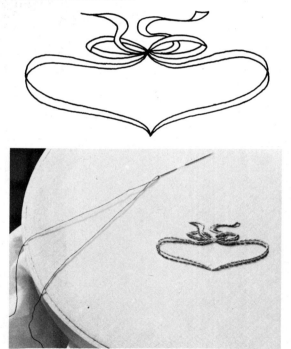

T-Shirts mit Herz

Buchstäblich in letzter Minute kann man aus einem einfarbigen unpersönlichen Baumwollhemdchen ein originelles Geschenk zaubern: mit Schablonen und Sprühfarbe. Das Foto auf Seite 13 zeigt zwei T-Shirts, die auf diese Weise verziert wurden: rechts und in der Mitte. Das linke Hemd wurde mit einer Buchstabenspielerei in Applikationstechnik verwandelt, ergänzt durch Stickerei.

Zunächst die Schablonentechnik. Man braucht festen Karton für die Herzschablone, anzufertigen nach der Vorlage auf Seite 6 oder Seite 11, weicheren Karton für Schriftzug oder Schmetterling (Seite 11) und eine Dose Bastel-Sprühfarbe oder Karosserie-Lackspray. Die Farben sind wasch-, aber nicht kochecht und färben nicht ab. Nach vielen Wäschen verblassen sie jedoch mehr und mehr.

An Hilfsmitteln braucht man: ein Stück Styroporplatte, größer als die Schablone, viele Stecknadeln (später nicht mehr verwendbar), eine Plastik-Einkaufstasche und ein Schneidmesser oder eine Schneidefeder zum Ausschneiden des Schriftzugs oder Schmetterlings. Nachdem man die gewünschten Schablonen ausgeschnitten hat, schiebt man in das T-Shirt die Styroporplatte unter jenen Abschnitt, der bearbeitet werden soll. Der Stoff wird glattgestrichen, aber nicht gedehnt und mit ein paar Nadeln auf der Platte festgesteckt. Darauf kommen die Schablonen, die mit vielen Nadeln festgesteckt werden müssen, so daß sich der Karton an keiner Stelle vom Stoff abhebt (s. Foto). Der um die Schablone herum

So werden die Schablonenteile mit Nadeln auf dem Stoff und einer eingeschobenen Styroporplatte befestigt

sichtbare Stoff, der nicht besprüht werden soll, wird mit der Plastiktasche, die man in Stücke schneidet, vollkommen abgedeckt. Die Kanten der Plastiktüte müssen die Pappschablone rundherum mindestens 1 cm breit überdecken. Sie werden ebenfalls mit Nadeln festgesteckt. Die so weit vorbereitete Arbeit wird — am besten draußen — genau senkrecht aufgestellt (an den Mülleimer lehnen, zwischen Mauersteine stellen oder mit Klebstreifen an einer Wand befestigen). Nachdem man die Sprühfarbe gut durchgeschüttelt hat, sprüht man zur Probe einen Strahl auf die Plastikabdeckung, bevor man dann, die Dose genau senkrecht führend, den Stoff gleichmäßig und dünn (!) besprüht. Wenn die Farbe trocken ist, entfernt man Abdeckung und Schablonen. Der Zauber müßte gelungen sein.

Die zweite Hälfte von Herz und Schmetterling muß seitenverkehrt auf den Karton übertragen werden

Vor dem Ausschneiden der Schablone muß der Schriftzug zusammengesetzt und in einem Stück übertragen werden

Die LOVE-Applikation wurde einem englischen Poster nachempfunden und in Herzform abgewandelt. Man braucht dazu Stoffreste, am besten Futtersatin oder Taft, etwas Vilexit (aufbügelbare Vlieseline) und Näh- und Stickgarn in passenden Farben. Die Buchstaben werden seitenverkehrt (also in Spiegelschrift) auf die nicht beschichtete Seite des Vliesmaterials mit Bleistift übertragen. Dann bügelt man das Vilexit auf die linke Satinseite und schneidet die Buchstaben sorgfältig aus. Auf dem T-Shirt wird der Stand des Motivs mit Bleistift markiert, bevor die Buchstaben angeordnet und aufgeheftet werden. Danach näht man sie, ohne den Trikotstoff zu dehnen oder zu verziehen, knappkantig mit geraden Maschinenstichen auf. Anschließend umsteppt man die Schnittkanten der Buchstaben mit kleinen dichten Zickzackstichen. Die Buchstabenverbindungen und die oberen doppelten Herzbögen werden zum Schluß im Stielstich gestickt. Ist das Trikotmaterial sehr dünn und dehnbar, unterlegt man den Stoff mit Batist, der zusammen mit den Buchstaben festgeheftet wird. Die Überstände schneidet man später ab.

Die Buchstaben von LOVE müssen in Spiegelschrift auf die unbeschichtete Seite des Vliesstoffes gezeichnet werden (Transparentpapier auf die Vorlage legen, durchzeichnen, ausschneiden und umdrehen)

In letzter Minute zu zaubern: T-Shirts mit aufgesprühtem oder appliziertem Herzmotiv

Glanzbildchen, umrahmt von einem Silberkartonherzen, in Gießharz eingeschlossen. Statt des Glanzbildes kann man auch ein Foto von sich oder dem Beschenkten nehmen

Herz in Harz

Ein Glanzbildchen, gerahmt von Silberbordüre in Herzform, läßt sich für Ewigkeiten erhalten, wenn man es in Gießharz einbettet. Man braucht außer dem einzuschließenden Objekt (Herz und Herzrahmen aus der Papierboutique oder einem ähnlichen Geschäft) eine kleine Dose mit Polyesterharz und dem dazugehörenden Härter sowie ein halbkugelförmige Gießform, Trennmittel und Schleifpapier. Die saubere trockene Gießform wird mit Trennmittel ausgestrichen oder ausgeschwenkt. Gießharz und Härter werden nach Vorschrift gemischt und in die Form gefüllt, so daß diese knapp bis zur halben Höhe gefüllt ist. Man deckt die Form mit einem Blatt Schreibmaschinenpapier zu und läßt das Harz ruhen, bis es erstarrt ist (je nach Temperatur und dem Mischungsverhältnis von Harz und Härter verschieden). Auf die erstarrte, aber noch etwas klebrige Schicht ordnet man zuerst den Rahmen, dann das Glanzbildchen mit der Schauseite nach unten an und drückt beides mit einem Stäbchen so in das Harz, daß sich die Papier- bzw. Kartonkanten nicht hochbiegen oder die Teile wegschwimmen können. Dann füllt man erneut angemischtes Harz in einer etwa 1 cm dicken Schicht auf (lieber etwas weniger), deckt ab, läßt erstarren, bis schließlich die letzte Schicht Harz aufgefüllt wird und mit dem oberen Rand der Form eine ebene Fläche bildet.

Nachdem die letzte Schicht erhärtet ist, nimmt man den Gießling aus der Form und schleift die letzte etwas klebrige Schicht in fünf Gängen mit Schleifpapier in den Körnungen 100, 120, 220, 400 und 600 ab. Dann poliert man mit Watte und einer Spezialpaste nach.

Topflappen

Ein oft belächeltes aber dennoch sehr nützliches Geschenk sind Topflappen. Wenn sie in schönen Farben zusammengestellt sind, können sie der Küche einen freundlichen Akzent geben. Wichtig ist die richtige Größe. Die hier gezeigten Topflappen haben sie: 21 cm breit (an der breitesten Stelle) und 19 cm hoch (Spitze bis Mitte zwischen den Bögen). Man braucht 25 cm Baumwollstoff, 90 cm breit, wenn das Stoffmuster einen Zuschnitt in beiden Richtungen — also auch auf dem Kopf stehende Schnitt-Teile — zuläßt. Andernfalls braucht man 50 cm und behält einen größeren Rest übrig. Für die isolierende Zwischenlage sind 25 x 45 cm Diolen-Fill, Schaumstoff oder Watteline nötig. Außerdem braucht man 1,50 m Schrägband aus Baumwolle in passender Farbe und Nähgarn.

Nach einem Papierschnittmuster schneidet man für jeden Topflappen zwei gleiche Stoffteile und 1 Teil der Zwischenlage zu, legt Unterstoff, Zwischenlage und Oberstoff genau deckend aufeinander und heftet sie rundherum an den Kanten zusammen. Der Schrägstreifen wird, an der Herzspitze beginnend, knappkantig aufgesteppt, über die Schnittkanten zur anderen Seite umgebogen, eingeschlagen und mit der Hand so gegengesäumt, wie es die Zeichnung zeigt.

Soll die Schrägblende breiter sein, steppt man auf jeder Seite Schrägband auf, biegt die beiden Blenden flach gegeneinander und umkantet sie zusammen mit dichten Zickzackstichen auf der Maschine. Diese Methode erfordert die doppelte Länge Schrägband. Aus einem Reststreifen wird ein Aufhänger genäht.

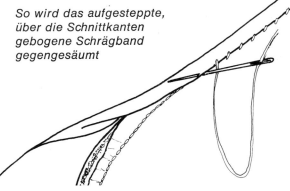

So wird das aufgesteppte, über die Schnittkanten gebogene Schrägband gegengesäumt

Scherenschnittmuster, angelehnt an eine Arbeit aus dem frühen 19. Jahrhundert, geeignet für ein Buch von mindestens 17 x 21 cm Größe

Album mit Scherenschnitt

Für dieses hübsche Geschenk braucht man wenig Geld, dafür um so mehr Geduld.
Ausgangsmaterial ist ein gekauftes Fotoalbum mit kartonierten Deckeln. Man braucht zusätzlich zwei Stücke Farbkarton in der Größe der beiden Einbanddeckel, möglichst in der Farbe des Buchrückens, außerdem dünnes Buntpapier (Origamipapier) in einer Kontrastfarbe — hier Grün —, weißes Schreibpapier in guter Qualität, Weißleim (Ponal), eine scharfe spitze Schere, nach Möglichkeit auch ein Kartonschneidmesser.
Der zugeschnittene Farbkarton wird auf die Buchdeckel geklebt. Danach muß das Buch mit sauberem Papier abgedeckt und so lange belastet werden, bis der Leim trocken ist. In der Zwischenzeit überträgt man das Scherenschnittmuster auf das Schreibpapier und schneidet es ohne Hast mit ruhiger Hand, jedoch zügiger Scherenführung aus. Wer eine Zackenschere hat, kann sich die Randverzierung erleichtern. Ungeduldige können auch anstelle der Zacken größere Bögen oder einen ganz glatten Rand schneiden. Das Farbpapier wird etwas kleiner als das ausgeschnittene Herz zugeschnitten. Dann klebt man es flächig auf den Buchdeckel (nicht nur stellenweise), und darauf den Scherenschnitt. Zum Schluß kann man das Album noch beschriften.
Hübsche Ergänzung: Buchzeichen aus herzbedrucktem Seidenband.

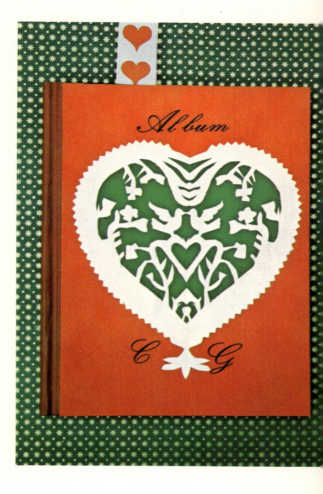

Durch Farbkarton, Buntpapier und einen Scherenschnitt wird ein graues simples Fotoalbum aus dem Warenhaus zu einem Schmuckstück

Untersetzer aus Walzenperlen

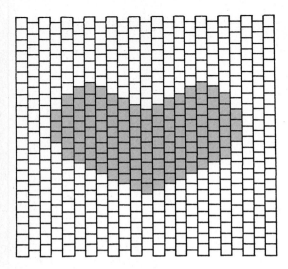

Ein Kinderspiel ist das Auffädeln von Walzenperlen nach einem Zählmuster. Man braucht 375 weiße und 120 rote Walzenperlen, jedoch sollte man einige Perlen in Reserve haben, um unbrauchbare Stücke auswechseln zu können. Da die Grundreihe eine ungerade Perlenzahl erfordert, muß man von zwei Seiten ausgehend mit zwei Nadeln arbeiten. Als Fadenmaterial kann man gewachsten dünnen Bindfaden oder Makrameegarn nehmen. Es geht auch mit Plastikschnur oder Drachenschnur aus Perlon. Zu Beginn der Arbeit fädelt man beide Enden des Fadens in je eine Nadel und zieht die 23 Perlen der Grundreihe auf. Nun fährt man an jedem Ende mit der Nadel durch die drittletzte Perle zurück auf die Mitte zu (Zeichnung Mitte). Dann arbeitet man mit jeder Nadel weiter zur Mitte, indem man jeweils eine neue Perle aufzieht, eine Perle der Grundreihe überspringt und durch die folgende hindurchfährt. In der Mitte der Arbeit kreuzen sich die Fäden aus beiden Richtungen in einer Perle, und man arbeitet mit jeder Nadel einzeln bis zum Rand. Dann wendet man und fädelt der Mustervorlage entsprechend so weiter wie bisher (s. Zeichnung unten). Dabei müssen die Fäden stets gleichmäßig fest angezogen werden. Die Perlen dürfen keine Lücken bilden, jedoch soll die Arbeit auch nicht brettig sein. Die Fäden verlängert man, indem man sie so anknotet, daß der Knoten in einer Perlenbohrung verschwindet. Es ist zweckmäßig, den Knoten mit einem Tupfer Alleskleber zu sichern. Die Endfäden am Schluß der Arbeit werden diagonal verlaufend durch die letzten Reihen vernäht.

Grundreihe: Man arbeitet mit zwei Nadeln an einem Faden und wendet, indem man auf beiden Seiten in die drittletzte Perle zurückfährt

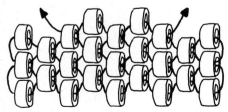

Anschlußreihen: Man arbeitet auf die Mitte zu, kreuzt die Fäden in einer Perle und fährt nach außen fort

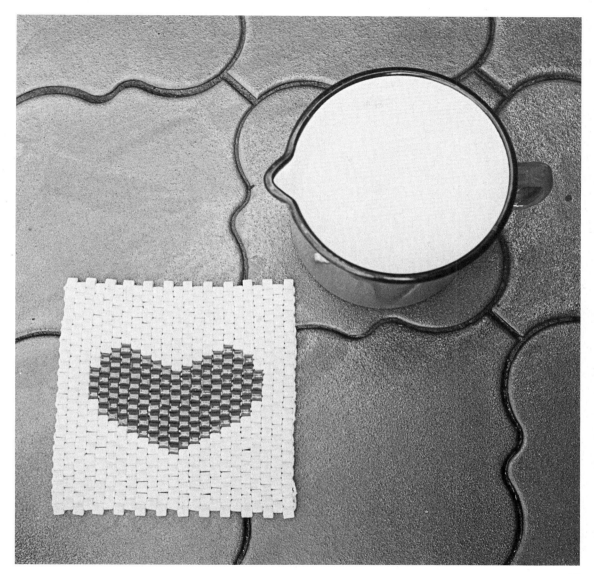

Häkelherzen am laufenden Band

Beliebig lang kann man die Bordüre in Filethäkelei arbeiten, denn sie wird in kurzen senkrechten Reihen, quer zum Muster, gehäkelt. Sie eignet sich nicht nur zur Verschönerung von Vorratsschränken, sondern man kann auch Saumkanten von Handtüchern, Rollos, Vorhängen, Kissen, Decken, Umschlagtüchern, Unterröcken und Nachthemden zieren. Die Häkelei nach dem Schema ist ganz einfach. Sie besteht aus Stäbchen und Luftmaschen, wenn man den Rand für den Banddurchzug wegläßt (rechts auf dem Schema), sonst muß man noch feste Maschen häkeln. Die Zu- und Abnahmen an der Zackenkante der Arbeit müssen exakt ausgeführt werden. Die Zeichnung zeigt die Zunahme am Ende einer Reihe. Das Abnehmen geschieht einfach durch Verkürzen der Reihen (Weglassen von jeweils zwei Stäbchengruppen). Am Anfang jeder Reihe wird, wie bekannt, das erste Stäbchen durch zwei Luftmaschen ersetzt.

Materialvorschlag: Weißes Glanzhäkelgarn in Stärke 30, Häkelnadel Nr. 1,25. Die Bordüre vom Foto auf der Seite rechts ist 10 cm breit, von der Spitze bis zur geraden Kante gemessen.

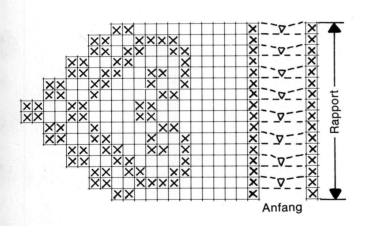

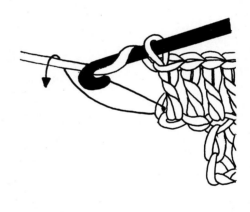

- ☐ 1 Stäbchen, 2 Luftm.
- ✕ 3 Stäbchen
- − 1 Luftmasche
- ▽ 1 feste Masche

So werden Stäbchen zugenommen, wenn die Reihen zur Spitze verlängert werden müssen

Mustersatz (Rapport) zur Häkelborte von Seite 21. Will man die Durchzugkante weglassen, wendet man jeweils nach den ersten 3 Stäbchen an der geraden Kante

Herz-Schachtel mit Schwänen

Unübersehbar sind die beiden Schwäne einander herzlich zugetan. Jemand, für den man genauso empfindet, wird sich über solch eine liebevoll bemalte Spanschachtel freuen.
Die Schachtel (aus dem Ravensburger hobby studio Programm) ist 22 cm breit und 20 cm hoch (untere Spitze bis Mitte zwischen den Bögen). Man bekommt sie in allen führenden Bastelgeschäften mit dazu passenden Farben: Nr. 8 (Blau, 2 Päckchen), 12 (Blattgrün), 13 (Dunkelgrün), 5 (Kirschrot), 17 (Ockergelb) und 1 (Schwanenweiß). Die violetten Blüten wurden aus den Farben Nr. 5 und Nr. 8 gemischt. Außer den Farben und weichen Pinseln Nr. 2, 4 und 6 braucht man noch Grundierung, sogenannten Primer, sowie wasserfeste Faserschreiber (edding) mit feiner Spitze in Dunkelgrün und Schwarz.
Zuerst wird die Spanschachtel innen und außen grundiert. Anschließend streicht man sie blau. Während die Farbe trocknet, überträgt man die zu einem Schwanenpaar zu ergänzende Vorlage auf weißes Papier und zeichnet das Motiv mit Graphit- oder Kohlepapier auf den Schachteldeckel. Vorsicht bei Kohlepapier: nichts verrutschen, keine anderen Abdrücke als die Bleistiftstriche machen! Aus freier Hand ordnet man um die Schwäne herum Ranken und Blüten an, die man mit zarten Bleistiftstrichen markiert. Mißglückte Striche kann man wieder wegradieren. Dann malt man zuerst die Schwäne und danach die Ranken aus und umrandet alle Konturen mit Faserschreiber-Strichen. Abschließend kann die Malerei mit farblosem Bohnerwachs eingerieben und poliert werden. Keinen Schlußlack nehmen, der Faserschreiber verläuft sonst.

Schwan in Originalgröße. Der zweite Schwan muß seitenverkehrt ergänzt werden

Perlenherzen für den Hals

Ein Halsband in Perlenweberei ist ohne Schwierigkeiten und ohne großen Zeitaufwand herzustellen. Mit handelsüblichen transparenten Glasperlen (sog. Indianerperlen) gewebt, ist das auf Seite 25 gezeigte Band 21 cm lang und 2 cm breit (Halsbandmitte). Man braucht Glasperlen in Hell- und Mittelblau und in Hell- und Blattgrün sowie Nähgarn in einer der Perlenfarben (evtl. selbst einfärben). Zum Weben braucht man einen kleinen Perlenwebrahmen oder eine Webgondel (Ravensburger hobby studio Programm).

Für alle, die noch nie mit Perlen gewebt haben, hier ein Schnellkurs: Man spannt zwischen den beiden Querholmen des Rahmens hin und her die erforderliche Kettfadenzahl (1 Kettfaden mehr als die gewünschte Bandbreite, da die Fadenzwischenräume maßgebend sind). Dann knotet man das Ende eines neuen Fadens mit einer großen Schlinge, die später gelöst und im Gewebe verstopft wird, an den rechten äußeren Kettfaden an der dem Körper zugewandten Schmalseite des Rahmens. Nun wird die den Zwischenräumen entsprechende Anzahl Perlen auf den Faden gereiht (beim Modell auf Seite 25 sind es zunächst 3, später 5 Perlen). Der Faden wird von rechts nach links unter den Kettfäden entlanggeführt und straffgezogen. Mit dem Mittelfinger der einen Hand drückt man von unten die Perlen so gegen die Kettfäden, daß in jedem Zwischenraum eine Perle sitzt. Dann fährt man oberhalb aller Kettfäden mit der Nadel durch alle Perlenbohrungen zurück und zieht den Faden straff. Die nächste Reihe und alle folgenden Reihen werden auf die gleiche Weise eingewebt: von rechts nach links Perlen

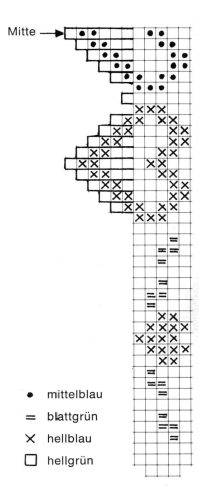

● mittelblau
= blattgrün
× hellblau
☐ hellgrün

Zählvorlage zum Herz-Halsband von Seite 25. Die Perlen müssen für die 2. Hälfte von der Mitte ausgehend in abnehmender Reihenfolge bis zum Ende gewebt und gefädelt werden

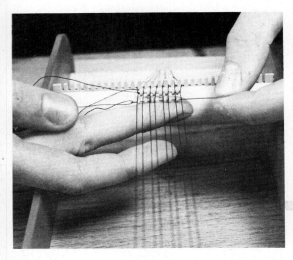 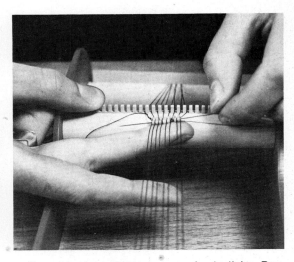

auffädeln und unter den Kettfäden hindurchfahren; von links nach rechts mit der Nadel oberhalb der Kette durch die hochgedrückten Perlen stechen. Kurze Arbeitsfäden werden durch Anknoten verlängert, der Endfaden wird in den vorhergehenden Reihen vernäht. Dann nimmt man das Perlengewebe vom Rahmen, löst die Kettfäden und vernäht oder verknotet sie oder flicht sie — wie bei dem Halsband erforderlich — zu Bindebändern.

Bei dem hier gezeigten Perlenband, dessen Zählmuster auf Seite 23 steht, wurde das Verfahren etwas abgewandelt. Um die für den Verschluß notwendige Länge der Kettfäden zu erreichen, wurden diese Fäden nicht hin und her gespannt, sondern von vorn nach hinten oberhalb des Webrahmens gespannt und dann unterhalb des Rahmens wieder zurückgeführt. Gewebt wird zunächst wie beschrieben bis zu jener Stelle, an der das Band mit den Herzmotiven breiter wird. Hier fädelt man die jeweils nach dem Zählmuster erforderliche Perlenzahl auf und fährt dann durch die zweitletzte Perle (hellblau) zurück, die außerhalb der Kettfäden hängenbleibt. Dann erst fährt man durch die Perlen in den Zwischenräumen der Kette zurück. Bei der nächsten Reihe sind es zwei hellblaue Perlen und eine hellgrüne Wendeperle, die außerhalb der Kettfäden hängen bleiben, bei der dritten sind es eine hellgrüne, zwei hellblaue und eine hellgrüne Wendeperle usw. Man fährt also außerhalb der Kettfäden stets durch alle hinzugenommenen Perlen zurück mit Ausnahme der Endperle, die als Wendeperle benutzt wird. Ist die Weberei fertig, schneidet man die Kettfäden in der Mitte unterhalb des Webrahmens durch und flicht daraus an jedem Ende einen straffen Zopf, der durch einen Knoten gesichert wird. Es ist zweckmäßig, diese Bindebänder über eine Bienenwachskerze zu ziehen, um rasches Aufrauhen zu verhindern.

Herzen zum Anbeißen

Eine schöne große Spanschachtel in Herzform (Ravensburger hobby studio), verziert mit einem bemalten und beschrifteten (Letraset-Abreibebuchstaben) Spitzen-Papierherzen ist die richtige Verpackung für Herzplätzchen mit Marmelade, Zuckerguß und Pistazien.
Zutaten: 500 g Mehl, 2 gestrichene Teelöffel Backpulver, 250 g Butter oder Margarine, 125 g Zucker, 1 Ei, 1 Päckchen Vanillezucker, etwas Salz. (Man kann natürlich auch eine der fertigen Backmischungen kaufen.) Für die Garnierung: Rote Marmelade, Mandel- oder Pistaziensplitter, 200 g Puderzucker, 1 - 2 Eiweiß (je nach Eigröße), etwas Zitronensaft. Außerdem braucht man eine Herz-Ausstechform, die man sich notfalls aus Aluminiumstreifen (eigentlich für Granulat-Schmelzformen gedacht) selbst biegen kann.

Ein Geschenk zum Anbeißen: Herzen mit Marmelade, Pistazien und Zuckerglasur, in einer herzförmigen Spanschachtel verpackt. Das Spitzenherz aus Papier gibt es in Papierhandlungen, Warenhäusern und sogenannten cook-shops

Mehl und Backpulver werden gemischt und auf ein Brett gesiebt. In die Mitte drückt man eine Vertiefung, in die man Vanillezucker, Zucker und Ei sowie etwas Salz gibt. Diese Zutaten werden mit einem Teil des Mehls gut vermengt. Dann fügt man die in kleine Stücke geschnittene Butter oder Margarine hinzu, bestäubt sie mit dem restlichen Mehl und verknetet alles zu einem geschmeidigen Teig und stellt ihn kalt. Nach einer halben Stunde kann man den Teig ausrollen und Herzen ausstechen. Ein etwa faustgroßer Teigklumpen wird zu einem langen Strang von Bleistiftdicke gerollt. Auf jedes Herz wird aus diesem Strang, den Konturen folgend, ein Rand aufgesetzt. Während die Plätzchen auf einem gefetteten Blech etwa 8 bis 12 Minuten bei 175 bis 200 Grad Celsius goldgelb backen, bereitet man die Zuckerglasur vor. 200 g Puderzucker werden mit dem zu steifem Schnee geschlagenen Eiweiß und dem Zitronensaft gründlich verrührt. Die fertigen Plätzchen müssen zunächst etwas abkühlen, bevor man auf jedes einen knappen Teelöffel voll Marmelade und darauf die Zuckerglasur gibt. Dann werden die Plätzchen noch einmal so lange in den Backofen geschoben, bis die Glasur bei einer Temperatur von ca. 140 Grad getrocknet ist. Pistazien oder Mandeln kann man vor der Glasur auf die Marmelade oder nachher auf die noch warme Glasur setzen.

Nicht nur zur weihnachtlichen Pfefferkuchenzeit ist ein solches Herz ein willkommenes Geschenk. Man kann es auch anstelle eines üblichen Geburtsagskuchens auf den Gabentisch legen

Pfefferkuchenherz

Die vielbewunderten Herzen mit ihren Kosenamen und Sinnsprüchen, die man auf Märkten an bunten Ständen hängen sieht, kann man leicht selbst machen. Ein solches Herz könnte anstelle des üblichen Kuchens eine Geburtstagsüberraschung sein.
Für ein Riesenherz (1 Backblech) braucht man: 175 g Honig, 40 g Zucker, 50 g Margarine, 1/2 Tasse Milch, 1 Ei, 250 g Mehl, 1/2 Päckchen Backpulver, Pfefferkuchen-Gewürzmischung, 1 Eßlöffel Kakao, 1 Eßlöffel Zucker (außer den 40 g) und für die Garnierung: Zitronat, kan-

dierte Kirschen, Silberkügelchen, 125 g Puderzucker, 1 Eiweiß, hellgrüne Speisefarbe.
Honig, Margarine und Zucker zusammen erhitzen. Milch mit Ei, Kakao, Gewürz und dem Eßlöffel voll Zucker schaumig schlagen, mit der Honigmasse verrühren und das mit Backpulver gut gemischte Mehl darübersieben und hineinarbeiten. Teig auf ein gut gefettetes Backblech gleichmäßig dick verteilen und bei 175 bis 190 Grad Celsius 50 bis 60 Minuten backen. Der Kuchen darf keine krustige Oberfläche bekommen (zwischendurch prüfen). Aus Karton eine große Herzschablone anfertigen, auf den Kuchen legen und mit einem scharfen Messer möglichst steil zuschneiden, sobald der Teig ausgekühlt ist.
Für den Zuckerguß Puderzucker mit Eiweiß schaumig rühren und einige Tropfen Zitronensaft dazugeben. Einen kleinen Teil der Zuckermasse mit grüner Speisefarbe vermengen. Weiße Zuckermasse in eine Garnierspritze füllen und damit den Herzrand wellenförmig verzieren und den Schriftzug ausführen. Aus grünem Zuckerguß (mit Lebensmittelfarbe) Blätter auf die noch freie Fläche setzen. Den so garnierten Kuchen noch einmal kurz in den Backofen schieben, so daß die Zuckermasse rasch erstarrt. Danach werden die Blüten aus Kirschen und Zitronat sowie die mit Wasser betupften Silberkügelchen aufgelegt.

Ein Herz für die Brotzeit

Man kann nicht nur in Lindenrinden Herzen einritzen, sondern auch aus Lindenholz ein schönes Herz aussägen, das als Frühstücksbrett dient.
Das Holz sollte mindestens 16 mm stark und 22 x 22 cm groß sein. Aus Karton fertigt man eine Schablone an, deren Umrisse mit Bleistift auf das Holz übertragen werden. Zum Ausschneiden nimmt man entweder eine Laubsäge mit kräftigem Blatt oder eine Stichsäge. Hat man die Form ausgesägt, wird das ganze Werkstück zunächst mit 80er, dann mit 100er Schleifpapier bearbeitet und zum Schluß mit 120er Papier feingeschliffen. Wichtig ist, daß alle Schnittkanten gleichmäßig gebrochen (gerundet) sind und sich das Brett glatt und griffig anfühlt. Man kann es roh belassen oder gleichmäßig mit Olivenöl einreiben. Keine chemischen Mittel oder Beizen verwenden!
Mit frischen Früchten und Kräutern belegt, liebevoll in Cellophanpapier eingepackt, wird das Stück Holz zu einem handfesten Geschenk.

Ein Stück Lindenholz, eine Stich- oder Laubsäge und Schleifpapier — mehr braucht man nicht für dieses handfeste Geschenk

Gegossene Herz-Kerzen

Vier Herz-Kerzen, die auf einem blumenumrankten Keramikteller die Form eines Kleeblatts bilden, sind eine originelle Abwandlung des althergebrachten Geburtstagslichts. Man gießt sie aus farblosem Wachsgranulat (Ravensburger hobby studio Programm), dem man rotes Farbwachs in Tablettenform zusetzt. Die Färbung kann man auf diese Weise individuell bestimmen. Es gibt eine sehr schöne Herz-Gießform im Ravensburger hobby studio Programm, mit deren Hilfe die Kerzen auf dem Foto gegossen wurden. Man kann aber auch eine Ausstechform für Plätzchen oder eine aus gewachstem Karton (Milchtüte) selbst hergestellte Form verwenden. Hat die Form keinen Boden, stellt man sie auf eine Unterlage aus Alu-Folie, die auf einer hitzebeständigen Platte liegt. Zum Gießen eines der gezeigten Herzen braucht man ca. 100 g Wachsgranulat und eine rote Färbetablette, ferner einen Docht, der doppelt so lang wie die Kerzenform hoch ist, eine Perle oder Schraubenmutter und ein Rundhölzchen oder eine Stricknadel.

Das Wachs wird in einer Dose, die man in ein Wasserbad stellt, erhitzt. Niemals die Dose mit dem Wachs direkt auf den Herd stellen — Feuergefahr! Das eine Dochtende wird um das Hölzchen oder die Nadel gebunden, an das andere kommt die Perle oder Mutter. Der Docht wird mit dem waagerecht verlaufenden Hölzchen so in die Form gehängt, daß die Perle den Boden genau in der Mitte berührt. Dann wird das inzwischen geschmolzene Wachs eingegossen. Sobald es vollkommen erstarrt ist, drückt man es aus der Form. Bei Formen mit geschlossenem Boden faßt man den Gießling am Docht und taucht ihn mitsamt der Form kurz in heißes Wasser. Zum Schluß wird der Docht auf die richtige Länge gekürzt.

Vier aus Wachsgranulat gegossene Herz-Kerzen, in Form eines Kleeblatts angeordnet, verheißen zum Geburtstag Glück fürs neue Lebensjahr

Lätzchen fürs Kind

Ein hübscher Glückwunsch zur Geburt eines Kindes können originelle Lätzchen sein, die man nirgends kaufen kann. Die Fotos zeigen ein paar Anregungen zum Nacharbeiten oder Abwandeln.
Ganz leicht sind Lätzchen aus Frottierstoff zu machen, die mit Schrägband eingefaßt (s. auch Zeichnung S. 15) werden. Man arbeitet sie aus zwei Stofflagen. Die Herzen werden vor dem Zusammensteppen mit der Hand aufgenäht, ebenfalls die Buchstaben, wenn man nicht fertige Aufbügel-Buchstaben nimmt.

Die Lätzchen in Herzform bestehen ebenfalls aus zwei Stofflagen, die knappkantig zusammengesteppt und durch eine offene Nahtstelle gewendet werden.
Reizend sieht es aus, wenn man auf das Lätzchen den Namen des Kindes stickt (oder ein freies Feld dafür vorsieht, falls ein Kosename gefunden werden soll). Die Schnittmuster für das karierte und das weiße Lätzchen mit der Bogenkante, das winzig klein und mehr Schmuck als Schutz ist, stehen auf dem Motivplan Seite 6. Achtung: Nahtzugabe nicht vergessen, sonst wird's ein Puppenlätzchen. Es ist wichtig, daß alle verwendeten Stoffe aus Baumwollmaterial sind, und daß die Applikationen nicht abfärben.

Bäumchen mit Herzen und Kerzen

Der kleine weihnachtliche Kerzenbaum ist mit einfachen Mitteln ganz leicht nachzubasteln. Er ist 31 cm hoch und mißt an der breitesten Stelle 44 cm. An Werkzeug braucht man eine einfache Säge — das kann eine kleine Taschensäge, eine Laubsäge, eine Leistensäge oder ein Fuchsschwanz sein — und Schleifpapier Körnung 100.
Material: 7 Vierkantleisten, 2 x 2 cm stark, in folgenden Längen: 8, 14, 20, 26, 32, 38 und 44 cm, ein Brett 6 x 12 cm, 1 cm stark, und 2 Halbrundleisten je 38 cm lang, sowie 8 Leistenabschnitte 2 x 2 x 2 cm groß. Außerdem braucht man 15 kräftige Reißzwecken, doppelseitig gefärbten roten Karton, Weißleim, Zweikomponentenkleber und grüne Bastelfarbe. Alle Holzteile werden sauber geschliffen. Dann leimt man Holzwürfel und Leisten von unten nach oben so aufeinander, wie aus der Zeichnung und dem Foto zu ersehen ist. Dazu nimmt man Weißleim. Auf die Vorder- und Rückseite des durch die Würfel gebildeten Baumstammes wird je eine halbrunde Abdeckleiste geleimt. Danach setzt man das Bäumchen genau auf die Mitte der 6 x 12 cm großen Standplatte, markiert die Umrisse der Aufsatzfläche und klebt Baumstamm und Platte mit Zweikomponentenkleber wie vorgesehen zusammen.
Aus rotem Karton schneidet man 32 Herzen zu (etwa 5 cm breit und 3 cm hoch, von der Spitze bis zur oberen Mitte gemessen). Das Bäumchen wird grün angestrichen. Wenn die Farbe durchgetrocknet ist, klebt man mit Zweikomponentenkleber auf jedes Leistenende eine Reißzwecke als Kerzenhalter. Um die Reißzwecken abzudecken, werden Herzen davor und dahinter geklebt. Zwei Herzen kommen auf die Standplatte. Das Bäumchen wird mit sogenannten „Puppenkerzen" bestückt. Diese eigentlich für Kinder-Geburtstage gedachten Lichter bekommt man dort, wo es Partyzubehör und Glückwunschkarten gibt.

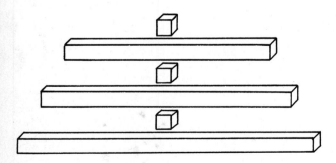

So werden Leisten und Würfel aufeinandergeleimt

Verblüffend einfach ist die Methode, ein solches Bäumchen zu basteln. Wer die erforderlichen Leisten beim Kauf zuschneiden läßt, braucht keinerlei Werkzeug

Handarbeitskörbchen aus Flechtrohr

Ein zierliches Handarbeitskörbchen in Herzform mit einem herzigen Nadelkissen im Deckel nimmt alles auf, was man für kleine Handarbeiten im Garten, auf dem Balkon, am Strand oder auf einer Wiese braucht. Es besteht aus zwei gleichen Korbteilen, die durch zwei Stoffstreifen als Scharniere zusammengehalten werden. Man kann die Korbhälften aus gebleichter Weide oder aus Peddigrohr — letzteres leichter zu beschaffen — flechten. Staken und Flechtrohr sind gleich stark, lediglich die Anfangsrunden werden mit Spaltrohr geflochten. Man beginnt mit einem Stakenkreuz aus 4 waagerechten und 3 senkrechten Rohren, je 40 cm lang, und umwindet die Stakengruppen in zwei Runden mit doppeltem Spaltrohr. Das Stakenkreuz wird in 7 Stakenpaare aufgeteilt, die nun in drei Runden wie folgt umflochten werden: Man führt das eine Spaltrohr unter einem Stakenpaar durch, das andere Spaltrohr wird über dem Stakenpaar entlanggeführt. Im Zwischenraum zum folgenden Stakenpaar werden die beiden Spaltrohre so gekreuzt, daß das untere nun oben und das obere unten verläuft. Im Zwischenraum zum nächsten Stakenpaar werden die Spaltrohre auf die gleiche Weise gekreuzt und wie beschrieben geführt. So arbeitet man in ständigem Wechsel drei Runden. Dann verteilt man die Staken einzeln auf die Runde und fügt oben rechts neben der Mitte eine Hilfsstake ein, indem man das Rohr einfach in den Flechtdurchgang der danebenliegenden Stake schiebt. Nun hat man die für die einfache Auf-und-ab-Technik erforderliche ungerade Stakenzahl, um die man jetzt mit gut durchfeuchtetem Vollrohr sechs weitere Runden flicht. Danach werden weitere 14 Hilfs-

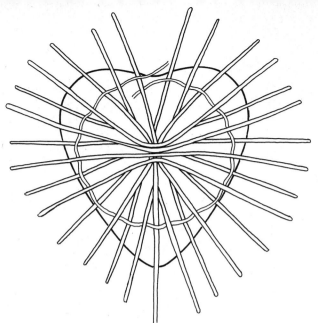

staken auf die Runde verteilt und so eingefügt, wie aus der Zeichnung oben ersichtlich. (Die bereits geflochtenen Runden wurden der Deutlichkeit halber nicht gezeichnet.)
Die 29 Staken werden so lange in einfacher Technik umflochten, bis der Teller einen Durchmesser von 10 cm hat. Das Flechtrohr wird nun abgeschnitten und mit dem Ende in den nächstliegenden Stakendurchgang geschoben. Aus starkem Karton fertigt man nach dem Schnittmuster „Nadelkissen" auf dem Vorlagenplan von Seite 6 eine Herzschablone an. Diese wird auf den bis jetzt noch tellerförmigen Korbboden gelegt (s. Zeichnung). Dann biegt man alle Staken, die zuvor gut durchfeuchtet werden müssen, um die Kante der Schablone aufwärts, so daß sie senkrecht stehen. Man bündelt sie an den Enden genau über der

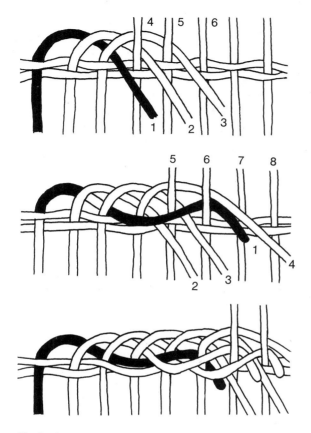

Korbmitte zusammen und wickelt einen Bindfaden darum, bis sie in dieser Lage getrocknet sind. Die Herzschablone wird entfernt und das senkrechte Rohr in der bisherigen Technik 4 cm hoch umflochten. Die Enden der Staken werden alle auf einen Überstand von 6 cm gekürzt und zu einer Zuschlagkante verflochten, wie auf den Zeichnungen oben zu sehen. Damit ist ein Korbteil fertig.

Nachdem man auf die gleiche Weise auch den zweiten Korb geflochten hat, bindet man die beiden Teile an zwei Stellen mit den Bogenseiten zusammen. Dazu näht man aus dem Stoff, aus dem auch herzförmiges Bodendeckchen und Nadelkissen gearbeitet werden, zwei schmale Bandstreifen, die auf der Außenseite zu kleinen Schleifen gebunden werden. Das mit Diolenwatte dick gefüllte Nadelkissen, das genau in den Deckel paßt, sorgt bei geschlossenem Korb dafür, daß nicht alles durcheinanderfällt. Vorn kann man ebenfalls einen Verschluß aus Bindebändchen anbringen.

Gardine in Filethäkelei

Man kann die Gardine beliebig lang häkeln und auch die Breite selbst bestimmen.
Material: Dralonwolle, Qualität SÜTO, Häkelnadel Nr. 2,5. Maschenprobe: 10 Reihen entsprechen 10 cm.
Gehäkelt wird in Filet-Technik. Das Grundmuster besteht aus 1 Stäbchen, 2 Luftmaschen, im Wechsel gehäkelt. Bei der Musterbildung häkelt man anstelle des Stäbchens und der zwei Luftmaschen drei aufeinanderfolgende Stäbchen. Das Stäbchen am Anfang jeder Reihe wird, wie bekannt, durch 2 Luftmaschen ersetzt. Das Zählmuster links zeigt nur das Herzmotiv, das man sowohl waagerecht als auch senkrecht nachhäkeln kann. Die durch das Grundmuster gebildete Länge und Breite der Gardine, auf der die Herzen beliebig oft wiederholt werden können, ermittelt man selbst. Bei waagerechter Häkelweise, mit dem Muster an der Herzspitze beginnend, muß man bereits die genaue Breite der Gardine festlegen, während man die Höhe später bestimmen kann. Bei senkrechter Häkelweise, mit der Herzspitze nach links zeigend, liegt dagegen die Höhe, nicht aber die Breite fest. Die Gesamtgröße ist leicht zu errechnen, wenn man davon ausgeht, daß ein Karo bzw. Kreuz der Zählvorlage 1 cm Häkelei entspricht (Maschenprobe machen).
Die fertige Gardine wird an der unteren Kante mit einem Abschluß aus einer Reihe mit festen

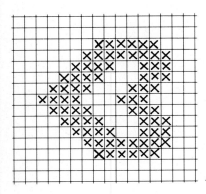

Anfang

☐ 1 Stäbchen, 2 Luftm.

✗ 3 Stäbchen

Fenster-Rosette aus kleinen und großen Laubsäge-Herzen — ein hübsches Geschenk zum Advent oder Nikolaustag. Arbeitsanleitung nächste Seite

Maschen und einer weiteren Reihe mit Luftmaschenbögen gebildet. Man häkelt abwechselnd 5 Luftmaschen, 1 feste Masche, 3 Luftmaschen, 1 feste Masche usw., wobei man mit jedem Luftmaschenbogen 1 Masche der Vorreihe übergeht.

Die obere Gardinenkante und die Seiten werden mit je zwei Reihen aus festen Maschen behäkelt, damit die Gardine ihre Form behält. Die fertige Arbeit wird mit Nadeln abschnittweise auf einer Styroporplatte gespannt (Lineal zur Hilfe nehmen), mit einem feuchten Tuch bedeckt und erst wieder abgenommen, wenn das Tuch getrocknet ist. Nicht bügeln!

Fenster-Rosette

Für alle, die mit einer Laubsäge umgehen können, ist das Nacharbeiten dieser großen Herz-Rosette ein Kinderspiel. Sie besteht aus 6 großen Herzen, die nach dem Originalschnittmuster auf dieser Seite ausgesägt werden können, und 12 kleinen Herzen, die nach einem Schnittmuster vom Motivplan auf Seite 6 gearbeitet werden.

Am besten eignet sich 4 mm starkes Sperrholzmaterial. Sind alle Herzen ausgesägt und mit Sandpapier glattgeschliffen, werden die kleinen Herzen auf beiden Seiten rot angestrichen

und hochglänzend lackiert. Die großen Herzen werden so auf dem Tisch angeordnet, daß die auf dem Foto ersichtliche Rosette entsteht (Abstände der einander gegenüberliegenden Spitzen genau abmessen). Ist alles ausgerichtet, klebt man mit Pattex oder einem gleichartigen Kleber die roten Herzen genau über den Punkt, an dem die großen Herzen sich seitlich berühren. Deckend mit diesen werden die restlichen kleinen Herzen auf der anderen Seite gegengeklebt. Ein rotes Band zum Aufhängen wird befestigt, wenn der Kleber richtig ausgehärtet ist, so daß sich die Rosette nicht mehr verziehen kann.

Bonbon auf Karton

Viele bunte Bonbons in gleicher Größe, möglichst in Herzform, 40 x 40 cm Plakatkarton, 80 x 15 cm Küchen-Cellophan und rotes Band braucht man für das süße Herz.
Die Cellophanfolie wird der Länge nach parallel zur Tischkante ausgelegt. In ca. 5 cm Abstand von der Schnittkante legt man die erste Reihe Bonbons so darauf, daß in den Zwischenräumen jeweils Platz für noch ein Bonbon bleibt. In der Mitte des Streifens läßt man Platz für 3 Bonbons (das wird die spätere obere Herzmitte). Nun schlägt man den 5 cm breiten Cellophanüberstand über die Bonbonreihe und legt darauf eine weitere Reihe Bonbons in die Lücken. Danach rollt man die Bonbonreihen in die restliche Folie ein, bindet die Enden zusammen und formt den entstandenen Ring auf dem Karton zu einem Herzen. Die freigelassene Stelle ohne Bonbons bildet den Knick zwischen den Herzbögen, der mit einer Schleife abgebunden wird. Dann richtet man alles gleichseitig aus und klebt das Herz mit wenig Alleskleber auf der Unterlage fest.

Eine bunte Überraschung, die wenig Aufwand erfordert: Bonbonherzen in Cellophanstreifen eingerollt und auf Karton geklebt

Zuckerstreuer und Platzdecke

Aus rotem Grobleinen gearbeitet, sieht die Platzdecke in Herzform besonders einladend aus. Man schneidet den Stoff nach einem vorher angefertigten Papiermuster zu und faßt die Kanten mit rotem Schrägband ein (s. auch Zeichnung S. 15).

Der Zuckerstreuer wird aus einer Weißblechdose in Herzform (Ravensburger hobby studio) gemacht, die es in führenden Bastelgeschäften gibt. Die Löcher werden von der Deckelinnenseite mit einem dicken Nagel und einem kräftigen Hammer eingeschlagen. Dazu klebt man die von der Vorlage übertragene Lochschablone mit Klebstreifen in den Deckel und nagelt einfach durch das Papier. Der Deckel muß dabei auf einer dicken Holzunterlage liegen. Nach dem Lochen werden auf der Deckeloberseite die Zacken und Grate an den Löchern mit einer Feile entfernt. Dann wäscht man das Blech in heißem Wasser mit einem Spülmittelzusatz ab, läßt es trocknen und besprüht es mit rotem Lackspray, passend zur Platzdecke. Verschenkt wird der Zuckerstreuer natürlich mit süßem Inhalt.

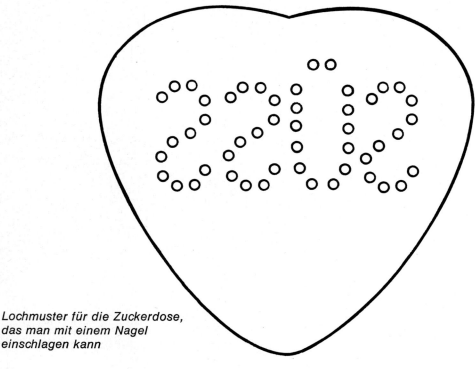

Lochmuster für die Zuckerdose, das man mit einem Nagel einschlagen kann

Sonnenhut und Tasche

Der kleine Flatterhut mit den Herzapplikationen steht kleinen Kindern besonders gut. Größere Kinder freuen sich bestimmt über eine Strick-Umhängetasche mit Herzchen. Beides ist schnell gemacht.

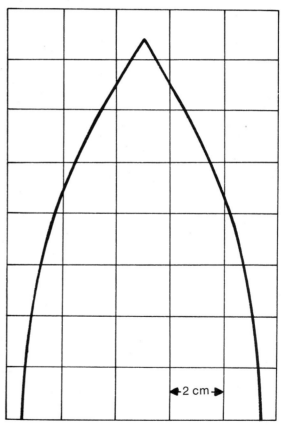

Der Hutkopf wird aus 6 gleichen Keilen nach dem Schnittmuster, das man vergrößern muß, zusammengenäht. Nahtzugaben nicht vergessen! Die sechsfache Keilbreite ergibt die Kopfweite. Der Rand besteht aus einem 5 cm (plus Nahtzugabe) breiten Schrägstreifen, der an der Außenkante mit rotem Schrägband eingefaßt wurde (s. auch Zeichnung S. 15). Er ist 82 cm lang und wird so an den Hutkopf angekraust: Schnittkanten von Krempe und Hutkopf rechts auf rechts aufeinanderlegen und zusammensteppen. Dann die Überstände auf der Innenseite zum Hutkopf hin flachbügeln, weißes oder rotes Ripsband deckend dagegenheften und von außen durch den Hutkopf knapp oberhalb der Naht zwischen Kopf und Krempe feststeppen. Zum Schluß nach dem Motivplan von Seite 6 sechs Filzherzen ausschneiden und mit den Spitzen zum Hutkopf zeigend aufnähen.

Die Tasche wird aus roter und weißer Dralonwolle mit Nadeln Nr. 2 gestrickt. Maschenprobe: der Rapport des Zählmusters ist 8 cm hoch und 16 cm breit. Er wird dreieinhalb Mal wiederholt.
Man strickt zwei gleiche Taschenteile. Der nicht benötigte Faden einer Farbe wird während der ganzen Arbeit auf der linken Seite der Arbeit mitgeführt.
Strickart: Hinreihen rechts, Rückreihen links. Die fertigen Taschenteile werden gespannt, gedämpft und an drei Seiten mit doppeltem weißem Faden überwendlich zusammengenäht. Danach umhäkelt man den oberen Rand mit zwei Runden festen Maschen und schließt mit einer Pikotkante ab. Die Umhängekordel wird aus achtfachen Fäden gedreht (4 Fäden drehen und in halber Länge doppelt nehmen) und an den Seitennähten gut festgenäht. Mit einem Stoffrest wird die Tasche gefüttert, damit man nicht in den Mitlauffäden hängenbleibt.

Zählvorlage für die gestrickte Umhängetasche. Der Rapport muß dreieinhalb Mal wiederholt werden

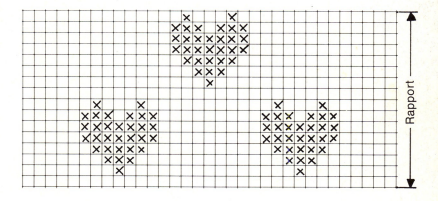

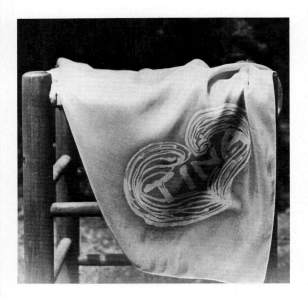

Batiktuch mit Namen

Ganz klar sind die Besitzverhältnisse, wenn der Name in einem Herzrahmen steht. Das Tuch ist lavendelblau. So macht man es: Der weiße Stoff wird mit Reißzwecken über einen einfachen Holzrahmen gespannt. Mit einem Wachskännchen und erhitztem Batikwachs werden Name und Herzlinien auf den Stoff gemalt. Dann wird der Stoff in Batik-Kaltfarbe gefärbt und nach dem Trocknen zwischen ständig erneuerten Zeitungslagen so lange gebügelt, bis das Wachs entfernt ist und die Wachsmalerei als weiße Zeichnung zum Vorschein kommt.

Viele kleine Herz-Ideen

Angeblich sind es die kleinen Geschenke, die die Freundschaft erhalten. Das Foto auf Seite 45 zeigt eine Auswahl solcher Dinge, die wenig Zeit und Geld kosten:
Holzmodel, aus Weichholz geschnitzt, zum Abformen oder als Wandschmuck; in einer Linolschnittform gegossenes und mit Wachsfarben bemaltes Wachsherz; drei Päckchen- oder Baumanhänger aus Filz, Karton und Sperrholz; Herz für den Valentinsgruß, aus Ramo modelliert und lackiert; drei Herzen aus Draht geformt und mit Tauchlack überzogen; zwei perlenverzierte Herzen aus Polystyrol-Granulat, im Backofen geschmolzen; Gürtelschnalle, aus Laubholz ausgesägt; sieben Spanholzherzen, zu einem Wandrelief zusammengeklebt; Streichholzschachtel, beklebt mit einfacher Stickerei: Herzen in Patt- und Kettenstich; Weißblechdose (hobby studio), beklebt mit einem bsb-dekorbild, das sich der gebogenen Deckelform anpaßt; zwei emaillierte Herzen, eines davon mit aufgebranntem Blumendekor; Schlüsselanhänger aus Schmelzgranulat, in einer Ausstechform für Plätzchen gemacht und mit einer heißen Stricknadel gelocht; einfache Leinenknöpfe, mit wasserfesten Faserschreiber-Herzen bemalt.

Mit Herz verpackt

Genau so individuell wie man Geschenke basteln kann, läßt sich auch die Verpackung gestalten. Schon mit einfachsten Mitteln, einem Moosgummistempel in Herzform und Stempelkissen oder Stoffdruckfarben, kann man Bänder und Papier verändern. Dabei muß man nicht immer einfarbiges Papier bedrucken, sondern kann, wie das Beispiel hier zeigt, gemustertem Papier eine ganz neue Wirkung geben. Bänder für Verschnürungen bedruckt man am besten auf beiden Seiten, und zwar so, daß sich die Motive genau decken, das sieht bei Schleifen und Schlaufen besser aus.
Den Stempel kann man entweder fertig kaufen, oder aus Linol, Gummi, PVC, Karton oder einer Kartoffel selbst herstellen.

Holzpuzzle

So ein Puzzle-Herz ist ein beliebtes Spielzeug für Erwachsene. Es ist fast schneller gebastelt als zusammengesetzt.
Man braucht dazu 12 - 15 mm dickes Linden- oder Kiefernholz mit möglichst unauffälliger Maserung (die das Zusammensetzen erschwert), 10 x 10 cm groß, eine Laub-, Stich-, Leisten- oder Universalsäge und feinkörniges Schleifpapier. Dazu eine Herz-Weißblechdose aus dem Ravensburger hobby studio Programm, graue Grundierung (Primer), Bastelfarben in Blau und Gold und Abreibebuchstaben in Rot (Schreibwarenhandel).
Das Schnittmuster in Originalgröße wird auf die Holzplatte übertragen. Dann sägt man zunächst die Herzform aus, danach kommt die

senkrechte Teilung. Dann sägt man die von dem mittleren senkrechten Schnitt ausgehenden Diagonal-Linien, danach die linke senkrechte Linie und zum Schluß die restlichen Linien durch. Die Holzteile werden auf allen Seiten sauber und griffig geschliffen, dabei dürfen die Kanten nur wenig gebrochen werden. Wer das Puzzlespiel noch verwirrender machen möchte, sägt alle Teile noch einmal vertikal durch.

Die Dose wird zunächst grundiert. Dann malt man sie blau an, wobei man das Feld in Herzform, das beschriftet werden soll, ausspart. Es wird anschließend mit einem dünnen Pinselstrich Goldfarbe umrandet. Zum Schluß reibt man die roten Buchstaben auf die graue Fläche und besprüht alles mit Spezial-Lack (Letraset), um die Beschriftung haltbar zu machen.

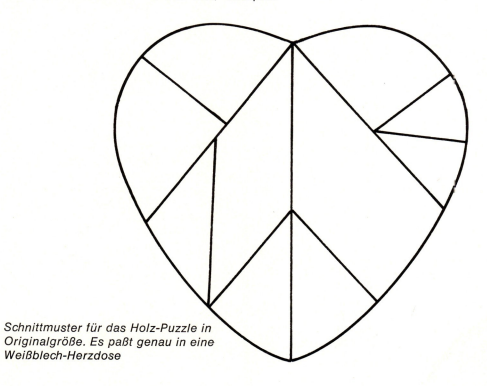

Schnittmuster für das Holz-Puzzle in Originalgröße. Es paßt genau in eine Weißblech-Herzdose

Ravensburger hobby studio

Für alle, die Freude am Gestalten haben.

Materialien, Packungen, Bücher, Vorlagenmappen für den Einstieg in 14 verschiedene Hobbytechniken.

Für Ungeübte und Talentierte.

**Hinterglasmalerei ● Bauernmalerei
Keramik bemalen ● Weißblech bemalen
Stempeldruck ● Gobelin-Stickerei
Batik ● Patchwork ● Makramee
Kerbschnitzen ● Holzintarsien
Wachsgießen ● Modellieren ● Perlenarbeiten**

Ravensburger®

Programm für sinnvolle Freizeit